深圳市城市轨道交通协会团体标准

导轨式胶轮系统全自动运行线路运营场景规范

Specifications for operation scene of fully automatic-operating guideway rubber-tyred tram system

T/URTA 0003—2021

人民交通出版社股份有限公司

北 京

图书在版编目(CIP)数据

导轨式胶轮系统全自动运行线路运营场景规范：T/URTA 0003—2021/广州地铁设计研究院股份有限公司等主编. —北京：人民交通出版社股份有限公司，2023.1

ISBN 978-7-114-18433-8

Ⅰ.①导… Ⅱ.①广… Ⅲ.①导轨—电车—自动驾驶系统—运营管理—规范—中国 Ⅳ.①U482-65

中国国家版本馆CIP数据核字(2023)第002697号

标准类型：深圳市城市轨道交通协会团体标准
标准名称：导轨式胶轮系统全自动运行线路运营场景规范
标准编号：T/URTA 0003—2021
主编单位：广州地铁设计研究院股份有限公司
比亚迪股份有限公司 等
责任编辑：李 坤
责任校对：席少楠
责任印制：张 凯
出版发行：人民交通出版社股份有限公司
地 址：(100011)北京市朝阳区安定门外外馆斜街3号
网 址：http://www.ccpcl.com.cn
销售电话：(010)59757973
总 经 销：人民交通出版社股份有限公司发行部
经 销：各地新华书店
印 刷：北京交通印务有限公司
开 本：880×1230 1/32
印 张：1.875
字 数：50千
版 次：2023年1月 第1版
印 次：2023年1月 第1次印刷
书 号：ISBN 978-7-114-18433-8
定 价：32.00元
(有印刷、装订质量问题的图书，由本公司负责调换)

深圳市城市轨道交通协会文件

深轨交协〔2021〕20号

关于批准发布《导轨式胶轮系统全自动运行线路运营场景规范》等3项团体标准的通知

各有关单位：

依据《深圳市城市轨道交通协会团体标准管理办法》的有关规定，由深圳市城市轨道交通协会提出并归口管理的《导轨式胶轮系统全自动运行线路运营场景规范》（T/URTA 0003—2021）、《导轨式胶轮系统全自动运行线路运营管理规范》（T/URTA 0004—2021）、《导轨式胶轮系统全自动运行线路初期运营安全评估基本条件》（T/URTA 0005—2021）等3项团体标准，已履行全部制定程序并通过专家组审查，现予批准发布，自2021年9月28日实施。

特此公告。

深圳市城市轨道交通协会

2021年9月28日

目　次

前言 …………………………………………………………… Ⅲ
引言 …………………………………………………………… Ⅴ
1　范围 ………………………………………………………… 1
2　规范性引用文件 …………………………………………… 1
3　术语和定义 ………………………………………………… 1
4　缩略语 ……………………………………………………… 4
5　正常场景 …………………………………………………… 5
6　故障场景 …………………………………………………… 24
7　应急场景 …………………………………………………… 39
参考文献 ……………………………………………………… 48

前　　言

本文件按照GB/T 1.1—2020《标准化工作导则　第1部分：标准化文件的结构和起草规则》的规定起草。

请注意本文件的某些内容可能涉及专利。本文件的发布机构不承担识别这些专利的责任。

本文件由深圳市城市轨道交通协会提出。

本文件由深圳市城市轨道交通协会归口。

本文件起草单位：广州地铁设计研究院股份有限公司、深圳市市政设计研究院有限公司、北京城建设计发展集团股份有限公司、林同棪国际工程咨询(中国)有限公司、深圳前海铁区投资咨询有限公司、深圳地铁国际投资咨询有限公司、深圳市东部城市轨道交通投资建设有限公司、深圳市龙岗区新轨道交通管理有限公司、深圳市龙华建设发展集团有限公司、重庆云巴轨道交通运营管理有限公司、深圳比亚迪轨道交通运营有限公司、比亚迪勘察设计有限公司、比亚迪通信信号有限公司、比亚迪建设工程有限公司深圳分公司、比亚迪股份有限公司。

本文件主要起草人(按姓氏笔画排序)：丁强、丁先立、马龙飞、马忠义、王德、王田坡、王松权、王彦利、王景云、方东明、古宇标、龙伟海、田连生、田继强、付珍、朱志伟、刘宝、刘栋、刘永波、刘伟华、刘其善、刘秋生、刘晓迎、刘德志、孙晓、孙乾、牟玉玲、麦为明、麦福荣、杜伟、李勃、李洁、李文钦、李立华、李志辉、李国栋、李保林、李梁绮、李斯新、李新程、杨帆、吴刚、吴志添、吴金然、吴智利、邱明江、何全、何道想、余海涛、谷素斐、邹杨、宋银鹏、张涛、张静、张亚光、张国栋、张虹云、张晓涛、陈小林、陈国芳、林钢、林鸿全、卓开阔、卓文海、易洪、赵伟、赵阳、钟文文、姚刘兵、袁虎林、夏广清、徐晓波、高远、郭淑萍、唐景华、黄伟林、黄志平、崔英杰、梁峰、蒋亚男、曾跃权、谢宗桀、谢建良、谢新华、鄢军华、廖文彬。

本文件主要审查人：陈穗九、谢伟、汤石男、王强、生金文、葛纯、王肃伏、覃裔、洪澜。

引　言

本文件针对导轨式胶轮系统的特点,适应全自动运行系统的要求,对运营过程的各个场景流程进行了分析和归纳,用于指导运营管理和系统设备的研发、试验、验收等。对于非全自动运行的相关要求,本文件不作规定。

本文件所述运营场景遵循安全第一、乘客为先、需求导向、持续改进的运营原则。

导轨式胶轮系统全自动运行线路运营场景规范

1 范围

本文件规定了导轨式胶轮系统全自动运行线路的正常场景、故障场景、应急场景的作业流程。

本文件适用于无人值守的全自动运行线路,有人值守的全自动运行线路可参考执行。

2 规范性引用文件

本文件没有规范性引用文件。

3 术语和定义

下列术语和定义适用于本文件。

3.1

导轨式胶轮系统　guideway rubber-tyred tram system

采用导轨式胶轮车辆作为乘客运载工具的系统。

3.2

全自动运行系统　fully automatic operation system

有人值守或无人值守的全自动运行的城市轨道交通系统。

3.3

有人值守的全自动运行　driverless train operation

列车在配置车上值守人员条件(正常运行情况下所有功能均由系统负责实现)下的运行。车上值守人员仅在故障和应急情况下介入列车运行。

3.4

无人值守的全自动运行　unattended train operation

列车在不配置车上值守人员条件(所有功能均由系统负责实现)下的运行。

3.5

蠕动模式　creep automatic mode

全自动运行模式下,发生车辆网络故障或车辆网络与信号网络之间通信故障时,列车停车后,在无司乘人员干预下,由控制中心人工确认后,采用备用接口在信号系统防护下直接控制车辆的牵引制动系统以规定速度运行至站台,或运行至由控制中心指定的目的地。

3.6

清客确认按钮　passengers clearance confirmed button

设置于站台上,实现列车乘客清客确认功能的按钮。

3.7

人员防护开关　staff protection key switch

设置于室内或轨旁,为运营人员、维修人员或其他工作人员进入全自动运行区域提供安全防护的信号系统开关。人员防护开关激活后,全自动运行系统为其建立安全防护分区,分区内的列车立即停车或保持静止状态无法发生移动,分区外的列车不允许进入分区内。经由安全防护分区的所有列车及调车进路始端信号机不允许开放,已开放的信号应立即关闭。经由安全防护分区的保护区段状态设置为“未锁闭”。

3.8

跳跃　jog

全自动运行系统控制列车低速短距离运行的模式,该模式用于列车站台自动对位不准或车辆未精确停车情况下再次精确对标及唤醒场景下的动态测试。

3.9

休眠 sleep

对停放于综合车场停车线、正线停车线或终端折返线指定区域的列车，对除休眠唤醒单元及车地通信设备外的整列车设备进行断电的一种作业。

3.10

唤醒 awake

对休眠列车上电并完成上电自检、静态测试、动态测试等的一种作业。

3.11

雨雪模式 rain/snow mode

一种用于应对雨雪等恶劣天气的运行模式，该模式下全自动运行系统通过限制列车最高运行速度、降低牵引力和制动力等策略来提高列车在恶劣天气下的可用性。

3.12

远程限制驾驶模式 remote restricted train operating mode

全自动运行模式下，当列车丢失定位后，通过调度中心远程操作，授权列车自动限速运行的一种驾驶模式，用于列车重新获得定位后恢复全自动运行。

3.13

车门紧急解锁装置 passenger emergency handle

设置于车辆客室门旁的紧急操作装置，用于列车停车后激活解锁车门。

3.14

司乘人员 driver and conductor

负责车站及列车客服组织、现场运行监控、应急处置等工作的人员，集成了传统乘务员与站务员的岗位职责。

3.15

调度人员 controller

具备调度作业资格，从事调度、列车及设备远程监控、远程乘客服务工作的人员。

3.16

全自动运行区域 fully automatic operation area

具备列车自动进站停车、自动开关门、自动发车、自动折返、自动出入场、休眠、唤醒、自动调车和自动洗车等全自动运行功能的区域。一般包括正线、折返线、渡线、停车线、出入场线、洗车线。

4 缩略语

下列缩略语适用于本文件。

AFC:Automatic Fare Collection,自动售检票系统

ATS:Automatic Train Supervision,列车自动监控系统

BAS:Building Automation System,环境与设备监控系统

CAM:Creep Automatic Mode,蠕动模式

CCTV:Closed-Circuit Television,闭路视频监视系统

CI:Computer Interlocking System,计算机联锁

CM:Coded Train Operating Mode,列车自动防护模式

DCS:Data Communication System,数据通信系统

EUM:Emergency Unrestricted Train Operating Mode,非限制人工驾驶模式

FAM:Fully Automatic Train Operation Mode,全自动运行模式

FAS:Fire Alarm System,火灾自动报警系统

MA:Movement Authority,移动授权

PA:Public Address,广播系统

PIS:Passenger Information System,乘客信息系统

PSL:Platform Screen Doors Control System Local Controller,就地控制盘

RM:Restricted Train Operating Mode,限制人工驾驶模式

RRM:Remote Restricted Train Operating Mode,远程限制驾驶

模式

SPKS:Staff Protection Key Switch,人员防护开关

TCMS:Train Control and Monitor System,列车控制及监控系统

TVM:Ticket Vending Machine,自动售票机

VOBC:Vehicle on-board Controller,车载控制器

ZC:Zone Controller,区域控制器

5 正常场景

5.1 运营计划确认与下发

运营计划确认与下发的基本流程应符合下列规定:

a) 调度人员通过中心 ATS 编制当日运营计划或提前制定运营计划,确认无误后,上传运营计划;

b) ATS 自动加载当天运行图,并对上传的运营计划进行有效性检查和冲突检查,并将检查结果在系统界面反馈;

c) 调度人员确认运营计划后发送相关部门执行。

5.2 列车出库计划编制与下发

5.2.1 基本流程

列车出库计划编制与下发的基本流程应符合下列规定:

a) 调度人员提前一天提供用车需求,车辆检修人员根据当日车辆检修结果匹配供车需求;

b) 调度人员基于选择的基本运行图信息、当日用车数、实际库内股道占用情况等,通过派班工作站编制并上传出库计划;

c) 调度人员选择出库计划,通过 ATS 下发给列车执行。

5.2.2 异常处理

出库计划下发失败时,ATS 系统界面上应给出提示,调度人

员介入处理。

5.3 综合车场准备

综合车场准备的基本流程应符合下列规定：

a) 每日列车唤醒前，调度人员确认车场和正线施工作业销点，SPKS 状态处于非防护位；
b) ATS 系统根据列车运行图提前某个时间将车辆即将唤醒信息发送给综合监控系统，综合监控系统自动联动综合车场广播提醒工作人员撤离；
c) 调度人员通过施工管理系统或施工作业请销点记录，结合 CCTV 系统，确认综合车场工作人员已全部撤离完成。

5.4 续航管理

5.4.1 基本流程

续航管理的基本流程应符合下列规定：

a) ATS 实时显示列车动力电池电量及续航里程；
b) 列车按照运行图执行完本次的运行任务后，ATS 为列车自动匹配充电计划，列车回库或前往正线充电区域充电；
c) 若 ATS 判断列车剩余可用电量不足本线区间运行所需电量(可配置)，报警提示，ATS 可为列车匹配回库充电计划，或前往正线充电区域充电；
d) 列车回库或进入充电区域前，列车应在前方终点站完成列车清客。

5.4.2 异常处理

列车动力电池异常时，电池异常信息可提供给信号系统，由信号系统显示在 ATS 调度工作站上。调度人员持续监视剩余电量信息,或根据供车情况及续航里程调整该列车的运营计划,必要时清客后退出运营服务。

5.5 唤醒

5.5.1 正线唤醒

正线唤醒的基本流程应符合下列规定:

a) 调度人员根据运营需要,通过 ATS 对正线休眠列车进行远程人工唤醒;

b) 列车唤醒后,执行列车自检和静态测试;

c) 列车自检和静态测试成功后,中心 ATS 显示唤醒成功,列车自动进入 FAM。

5.5.2 车场唤醒

车场唤醒的基本流程应符合下列规定:

a) 调度人员通过 ATS 编制并上传运营计划,与各列车进行匹配;

b) ATS 按运营计划下发唤醒指令;

c) 列车唤醒后,执行列车自检和测试;

d) 列车自检和测试成功后,中心 ATS 显示唤醒成功,列车自动进入 FAM。

5.5.3 异常处理

车场唤醒的异常处理应符合下列规定:

a) 若列车自动唤醒失败,调度人员通过 ATS 工作站远程人工唤醒;

b) 若远程人工唤醒失败,调度人员安排人员上车处理;

c) 当列车无法唤醒影响运营计划时,调度人员及时调整计划,唤醒备用列车。

5.6 列车巡道

5.6.1 基本流程

列车巡道的基本流程应符合下列规定：

a） ATS根据计划运行图唤醒巡道的车辆；

b） 巡道车辆自检完成后将信息反馈给调度人员，调度人员确认出车条件；

c） 列车出库并在司乘人员登乘点停车；

d） 调度人员授权司乘人员登乘巡道车辆，司乘人员经授权的车门登乘进入列车；

e） 司乘人员上车插入物理钥匙，转换为CM；

f） ATS根据运营计划自动触发进路，司乘人员人工驾驶列车进行列车巡道作业；

g） 巡道作业结束后，司乘人员拔出列车物理钥匙将列车转为FAM。

5.6.2 异常处理

列车巡道的异常处理应符合下列规定：

a） 司乘人员驾驶巡道列车运行过程中发现轨道异常时应停车，并向控制中心汇报，安排相关人员现场清理异物，具备通车条件后，司乘人员继续驾驶巡道车运行；

b） 巡道列车运行过程中发生列车故障时，调度人员组织下一趟列车继续完成巡道任务，故障列车回库或行驶至存车线；

c） 巡道列车在运行过程中发现行车设备故障影响行车时，调度人员通知维修人员处理。

5.7 自动开站

5.7.1 基本流程

自动开站的基本流程应符合下列规定：

a） 开站前，调度人员通过系统查看车站设备状态，并确认PIS、AFC等设备的自动启动情况；
b） 调度人员确认系统运行正常后远程或按时间表启动车站自动开站模式，或综合监控系统根据ATS发送的列车运行时刻表信息联动开站；
c） 车站照明、公共区通风空调打开；
d） 车站电梯、扶梯启动运行；
e） 车站卷帘门开启；
f） 将开站后的设备动作信息反馈给调度人员。

5.7.2 异常处理

开站模式执行异常时，调度人员安排司乘人员现场处理。

5.8 出库

5.8.1 基本流程

出库的基本流程应符合下列规定：
a） 调度人员对唤醒成功的列车确认运行班次；
b） 调度人员人工或自动向库门发送打开命令，相应库门打开；
c） ATS自动为列车匹配出库计划；
d） ATS根据出库计划，在规定时间内自动触发办理出库进路并进行冲突检查；
e） ATS自动下发发车倒计时指令给VOBC，列车鸣笛并以FAM运行出库；
f） 列车运行至转换轨后停车或不停车，等待中心ATS指令，准备进入正线；
g） 调度人员通过ATS工作站监控列车运行出库。

5.8.2 异常处理

若列车出库时出现故障，调度人员应调整计划或由系统根据备用车计划自动调用备用车,以其他列车替代,并通知维修人员处理。

5.9 全自动驾驶模式转换

全自动驾驶模式转换的基本流程应符合下列规定:

a) CM→FAM:列车处于 CM 下,若列车停稳、预选模式为 FAM 且车辆条件满足,在司乘人员确认并拔出钥匙后,可升级为 FAM;

b) FAM→CM:列车处于 FAM 下,若司乘人员插入物理钥匙,VOBC 判断条件满足,可降级为 CM;

c) FAM→CAM:列车处于 FAM 下,若发生 VOBC 与 TCMS 通信中断,经调度人员授权可进入 CAM;

d) CAM→FAM:列车处于 CAM 下,若列车停稳、VOBC 与 TCMS 通信恢复正常且预选模式为 FAM,列车可由 CAM 转换为 FAM;

e) FAM→RRM:全自动运行的列车在区间运行获取不到有效 MA 导致无法自动运行时,调度人员可人工将列车转为远程限制驾驶模式;

f) RRM→FAM:列车处于 RRM 下,若列车收到 ZC 发送的有效 MA 且车辆无故障时,列车可由 RRM 转换为 FAM;

g) RRM→CAM:列车处于 RRM 下,若列车处于蠕动控车的方式且收到有效 MA,列车可由 RRM 转换为 CAM;

h) CAM→RRM:列车处于 CAM 下,若列车未接收到有效 MA,列车可由 CAM 转换为 RRM。

5.10 进入正线服务

5.10.1 基本流程

进入正线服务的基本流程应符合下列规定:

a) ATS 根据计划运行图自动为列车匹配车次号;

b） ATS 根据计划运行图自动为列车办理进入正线的进路；
c） ATS 自动向进入正线服务的列车发送正线服务指令，列车接收指令后自动开启空调、照明等；
d） 调度人员可对列车内空调温度进行设置；
e） 列车自动运行进入正线。

5.10.2 异常处理

ATS 自动分配车次号失败时，中心 ATS 调度工作站提示报警，由调度人员人工为列车分配车次号。

5.11 区间运行

5.11.1 基本流程

区间运行的基本流程应符合下列规定：
a） 列车根据运营计划，以既定模式，在区间自动运行；
b） 调度人员通过 ATS 工作站，对列车运行情况进行监控；
c） 列车进站前，车载和站台 PIS、PA 自动播报运营信息。

5.11.2 异常处理

列车区间运行出现异常时，系统自动控制列车进行制动，或调度人员通过 ATS 向列车发送制动指令、紧急制动的缓解命令、列车故障恢复命令等处理列车运行过程中出现的异常情况。

5.12 进站停车

5.12.1 基本流程

进站停车的基本流程应符合下列规定：
a） 列车进站前，信号系统自动检测进站停车条件；
b） 进站停车条件具备后，列车及站台广播自动播放进站信息，列车及站台 PIS 显示进站信息；
c） 列车进站后，自动对位停车；列车在停稳后，切除牵引并

实施保持制动,站台广播自动播放到站信息,列车及站台 PIS 自动播放到站信息;

d) 列车自动进行车门开门作业并联动站台门打开,调度人员通过综合监控系统对列车进站停车情况进行监视;

e) 停站时间内,保持车门和站台门开启,调度人员通过 CCTV 对乘客上下车情况进行监视;

f) 停站时间结束后,通过车门/站台门声光报警提示车门/站台门即将关闭,自动联动列车车门和站台门关闭。

5.12.2 异常处理

进站停车的异常处理应符合下列规定:

a) 列车进站欠标,按本文件 6.21 处理;

b) 列车进站过标,按本文件 6.22 处理;

c) 当列车需跳过本站时,联动列车和车站进行广播。

5.13 站台发车

5.13.1 基本流程

站台发车的基本流程应符合下列规定:

a) 列车进站停车后,根据时刻表等待发车;

b) 发车条件(获取移动授权和发车联锁条件)满足且发车倒计时结束时,列车自动从站台发车;

c) 列车 PIS 和站台 PIS 自动更新显示信息;

d) 列车启动后触发列车车载广播;

e) 当需要提前或推迟发车时,由调度人员通过 ATS 人工介入操作。

5.13.2 异常处理

列车发车失败时,调度人员安排人工介入。

5.14 折返换端

5.14.1 基本流程

折返换端的基本流程应符合下列规定：

a) 列车进折返站前播放终到站广播。
b) 列车运行至折返站停稳停准后，切除牵引并实施保持制动，列车车门和站台门自动联动开启。
c) 车站播放出站、换乘等广播。
d) 站前折返，流程如下：
   1) 列车控制端进行自动转换，自动匹配新的运营计划，根据运营需求执行清客作业；
   2) 列车停站过程中，车门和站台门应保持开启状态；
   3) 列车根据时刻表自动触发进路；
   4) 列车停站时间达到后，车门和站台门自动联动关闭；
   5) 列车发车倒计时结束后自动发车。
e) 站后折返，流程如下：
   1) 列车到站后，执行清客作业；若有乘客坚持不下车，确保安全情况下先执行折返换端，转入异常流程处理；
   2) 系统为列车自动排列进路；
   3) 列车停站时间达到后，车门和站台门自动联动关闭；
   4) 列车发车倒计时结束并满足发车条件后，自动运行至折返线；
   5) 列车停车换端；
   6) 自动匹配新的运营计划；
   7) 根据时刻表自动触发折出进路；
   8) 列车自动驶离折返线，进站对位停车。
f) 调度人员应通过 ATS 工作站监视折返换端执行情况。

5.14.2 异常处理

折返换端的异常处理应符合下列规定：

a） 折返换端失败时，由 ATS 发出告警，调度人员安排司乘人员登车处理；

b） 若发现列车将乘客带入折返线，调度人员通过广播安抚乘客。

5.15 扣车

扣车的基本流程应符合下列规定：

a） 调度人员通过 ATS 设置扣车，可实现指定车站、指定列车的扣车；

b） 停站列车在站台执行扣车，车门和站台门同时打开不关闭，CI 不允许开放出站信号，ZC 不允许向站台扣车列车给出有效 MA；区间列车进入前方站台执行扣车，车门和站台门同时打开不关闭；

c） 调度人员可通过 ATS 查看扣车状态；

d） 站台和车载 PIS、PA 播放扣车信息；

e） 调度人员需要取消扣车时，通过 ATS 发送取消扣车指令；

f） 接收到取消扣车指令后，列车自动关闭车门并联动关闭站台门，判断条件满足后自动发车运行。

5.16 跳停

5.16.1 基本流程

跳停的基本流程应符合下列规定：

a） 调度人员通过 ATS 工作站对指定站台或列车设置跳停；

b） 非突发情况的列车跳停，调度人员应至少提前一站通过车载 PIS、PA 告知车上乘客；

c） 列车接收并执行跳停作业；

d） 列车经过跳停站时，站台和车载 PIS、PA 联动播放列车跳停信息。

5.16.2 异常处理

列车接收到跳停指令后,若 MA 不满足跳停指令的要求,则不执行跳停,正常进站停车,调度人员应监视运行情况。

5.17 提前发车

5.17.1 基本流程

提前发车的基本流程应符合下列规定:

a) 调度人员通过 ATS 工作站下发提前发车指令,使列车早于计划发车时间发车;

b) 列车执行提前发车指令;

c) 调度人员确认列车提前发车运行情况。

5.17.2 异常处理

提前发车失败时,按原运营计划发车或人工介入,并监视列车运行情况。

5.18 列车加开

列车加开的基本流程应符合下列规定:

a) 调度人员确认库内或正线存车线的备用列车车况,根据运营需求,布置加开任务;

b) 调度人员通过 ATS 工作站设置车次号及相应工况;

c) 调度人员应安排加开运行方案并告知司乘人员;

d) 列车执行加开作业。

5.19 运营计划变更

5.19.1 基本流程

运营计划变更的基本流程应符合下列规定:

a) 根据运营需求,调度人员布置变更交路任务;

b） 调度人员通知相关车站,并触发车载预录广播或对列车进行人工广播;
c） 调度人员对变更交路列车重新分配运营计划;
d） 列车自动执行新的运营计划。

5.19.2 异常处理

运营计划变更布置失败时,调度人员人工介入。

5.20 末班车运营

末班车运营的基本流程应符合下列规定:

a） 车站上下行末班车到达前 5 min(可设置)或倒数第二趟车到达时,系统根据运营计划执行末班车运营模式;
b） 车站 PA 自动播放相应末班车运营广播,提示乘客尽快离站;
c） 车站 PIS 自动播放对应上下行末班车运营信息;
d） 车站自动售票机在末班车到站前 5 min(可设置)或倒数第二趟车时停止购票服务,自动检票机在末班车到站前 5 min(可设置)停止检票服务,并显示运营结束信息;
e） 调度人员应通过系统工作站监视车站末班车运营模式执行情况。

5.21 清客

5.21.1 列车正常清客

列车正常清客的基本流程应符合下列规定:

a） 列车根据运营计划在折返站或终到站结束运营,列车进站前自动触发终点站广播,联动触发站台广播;
b） 列车到达站台并对位停准后,联动站台门和车门保持打开,播放清客广播;
c） 司乘人员执行清客作业;

d) 司乘人员告知调度人员清客结束,或按压车站清客确认按钮,退出清客工况;
e) 调度人员通过车载 CCTV 确认清客结束;
f) 车门和站台门自动联动关闭;
g) 列车自动发车进入正线或回库。

5.21.2 列车临时清客

列车临时清客的基本流程应符合下列规定:

a) 调度人员根据运营需要在综合监控系统界面远程取消/设置临时清客,列车在指定车站执行清客,并触发 PA、PIS 联动;
b) 列车到达站台并对位停准后,联动站台门和车门保持打开,播放清客广播;
c) 调度人员通过车载 CCTV 确认清客结束;
d) 调度人员根据实际情况发车或安排人工介入。

5.22 自动关站

自动关站的基本流程应符合下列规定:

a) 末班车结束运营,系统或人工下发关站指令;
b) 车站 PIS、PA 播放当天运营结束和关站信息;
c) 调度人员通过 CCTV 确认车站乘客出清;
d) 远程关闭卷帘门;
e) 车站电梯、扶梯、照明、公共区通风空调自动关闭;
f) 自动关站执行后,系统工作站提示相关设备动作信息。

5.23 停止正线服务

停止正线服务的基本流程应符合下列规定:

a) 列车根据运营计划运行至转换轨或正线停车线,系统自动删除车次号后,自动执行停止正线服务;
b) 调度人员根据运营需要在 ATS 人工设置或者列车自动

停止正线服务,列车在指定车站或转换轨执行停止正线服务。

5.24 回库计划编制与下发

5.24.1 基本流程

回库计划编制与下发的基本流程应符合下列规定:

a) 调度人员基于当日的运营计划、运营调整情况、当日维修计划、车辆清洗计划、库内股道占用情况等,编制回库计划;

b) 调度人员将编制好的回库计划上传 ATS;

c) ATS 生成与基本运行图对应的回库计划;

d) 调度人员根据运营需求选择回库计划,并下发给列车、综合监控系统、相关部门等。

5.24.2 异常处理

回库计划下发失败时,ATS 收到提示。

5.25 回库

5.25.1 基本流程

回库的基本流程应符合下列规定:

a) 调度人员人工或 ATS 自动设置回库头码,并办理回库进路;

b) ATS 自动下发发车倒计时指令给 VOBC,列车鸣笛、关闭空调、关闭照明(可配置)并运行回库,在指定列位停准停稳;

c) 列车全部进入停车位停准停稳后,调度人员人工确保现场安全情况下向库门发送关闭命令,相应库门关闭。

5.25.2 异常处理

列车回库未停准时,调度人员安排人工介入。

5.26 库门联动

5.26.1 基本流程

库门联动的基本流程应符合下列规定：

a） 开放出入库进路时，联锁检查库门状态为打开且锁闭；

b） 列车进入出入库进路后，ZC 实时接收 CI 发送的库门状态信息，列车进入库门所属进路后，若库门为非打开状态（含状态丢失），ZC 回缩移动授权。

5.26.2 异常处理

库门故障时，需将故障信息发送给综合监控系统，调度人员安排维修人员处理。

5.27 洗车

5.27.1 基本流程

洗车的基本流程应符合下列规定：

a） 调度人员编制洗车计划并录入系统；

b） ATS 根据计划自动或调度人员人工办理洗车线进路，列车进入洗车线；

c） 列车进入洗车线停稳停准后施加制动，VOBC 进入洗车工况，并向中心调度工作站显示进入洗车工况；

d） ATS 自动或调度人员手动向洗车机系统发送启动洗车机指令；

e） ATS 根据收到的洗车机状态反馈，自动或调度人员人工发送退出洗车工况指令；

f） ATS 根据计划或调度人员人工为列车办理后续进路。

5.27.2 异常处理

洗车过程中，洗车机出现状态丢失或故障告警时，远程按下停止洗车按钮或现场人工按下洗车机紧急停止按钮,洗车机应停止洗车,洗车刷自动复位,人工复位洗车机,控制列车驶出洗车线。

5.28 全自动运行区域至非全自动运行区域调车作业

全自动运行区域至非全自动运行区域调车作业的基本流程应符合下列规定:

a) 调度人员根据列车使用情况和列车状态编制场内调车计划,系统支持列车在综合车场由全自动运行区域转至非全自动运行区域的调车作业;
b) 调度人员根据场内调车计划为列车分配目的地码;
c) ATS 自动或根据人工操作为列车排列进路;
d) 列车以自动驾驶模式进入牵出线,司乘人员登车后切换驾驶模式至 RM/EUM,按照场内调车计划,根据地面信号驾驶列车至非全自动运行区域中的目的地。

5.29 全自动运行区域转线作业

5.29.1 基本流程

全自动运行区域转线作业的基本流程应符合下列规定:

a) 调度人员根据列车使用情况和列车状态编制场内调车计划,列车在综合车场的全自动运行区域内进行自动调车作业;
b) 调度人员根据场内调车计划为列车设置头码,ATS 自动或调度人员人工为列车排列调车进路;
c) 进路开放后,列车依据计划按规定限速自动运行至目的停车位。

5.29.2 异常处理

综合车场内列车自动转线作业过程中发生任何异常导致自

动转线作业中断,由调度人员进行人工介入处理。

5.30 非全自动运行区域转全自动运行区域作业

非全自动运行区域转全自动运行区域作业的基本流程应符合下列规定:

a) 调度人员根据列车使用情况和列车状态编制场内调车计划,系统支持列车在综合车场由非全自动运行区域转至全自动运行区域的调车作业;
b) 司乘人员登乘列车,驾驶列车至牵出线,并将非全自动驾驶模式切换至FAM,通过登乘平台下车并通知调度人员;
c) 调度人员根据场内调车计划为列车设置头码,并办理列车进路;
d) 进路开放后,列车依据计划按规定限速自动运行至目的停车位。

5.31 列车清扫

5.31.1 基本流程

列车清扫的基本流程应符合下列规定:

a) 在列车回到停车库后,清扫人员向调度人员办理清扫手续;
b) 系统根据清扫计划,自动或人工下发清扫指令;
c) 列车在停车库线停准停稳后,进入清扫工况,打开车门及照明;
d) 清扫人员经安全措施(如SPKS等)防护后进入指定区域登乘列车;
e) 在清扫倒计时结束前5 min(可配置),车载PA播放清扫即将结束信息,提醒清扫人员下车;
f) 列车完成清扫,清扫人员确认现场已出清并向调度人员办理清扫结束手续。

5.31.2 异常处理

列车在库内执行清扫的过程中,调度人员可根据实际情况向列车发送取消清扫工况指令,再次为列车派班出库运营。

5.32 列车检修

列车检修的基本流程应符合下列规定:

a) 列车回到停车库后,检修人员向调度人员申请办理检修手续;
b) 检修人员经安全措施(如 SPKS 等)防护后进入指定区域登乘列车;
c) 检修人员上车,按下检修按钮,开始检修作业;
d) 检修按钮被按下时,列车进入检修工况,不可被唤醒;
e) 完成检修作业后,检修人员恢复检修按钮和 SPKS 按钮;
f) 列车完成检修,检修人员确认现场已出清并向调度人员办理检修结束手续。

5.33 休眠

5.33.1 正线休眠

正线休眠的基本流程应符合下列规定:

a) 列车自动匹配正线停车线停车休眠计划,自动关闭客室内照明和通风空调;
b) 列车以 FAM 自动运行至指定休眠停车窗或正线停车线休眠停车窗停稳停准;
c) 到达指定的休眠时间后,列车自动休眠;
d) 列车休眠成功后将休眠状态信息反馈给运营控制中心。

5.33.2 车场休眠

车场休眠的基本流程应符合下列规定:

a） 列车以 FAM 自动运行至指定休眠停车窗停稳停准；

b） 列车回库停稳后，ATS 按照休眠计划自动或者调度人员人工下发休眠指令；

c） 到达指定的休眠时间后，列车自动休眠；

d） 列车休眠成功后将休眠状态信息反馈给运营控制中心。

5.33.3 异常处理

列车休眠失败时，ATS 报警提示，调度人员安排人工介入处理。

5.34 列车充电计划确认与下发

列车充电计划确认与下发的基本流程应符合下列规定：

a） 调度人员根据列车回库计划、检修计划、清扫计划、列车停放列位等，结合谷峰电价（分时电价）制定列车充电计划；

b） 调度人员将充电计划上传 ATS，并下发给充电管理系统、列车、相关生产部门；

c） 列车执行充电计划。

5.35 自动充电

5.35.1 基本流程

自动充电的基本流程应符合下列规定：

a） ATS 根据充电计划向充电管理系统、列车下发充电指令；

b） 列车在充电列位停稳停准后，充电管理系统按照充电计划要求，在指定时间执行充电作业，并向中心调度工作站提示开始充电；

c） 列车充电时，列车应切除牵引并施加制动措施；

d） 列车完成充电作业，授流装置升起，充电管理系统向中心调度工作站提示充电结束；

e) 在列车自动充电期间,调度人员可根据运营需要人工提前结束充电。

5.35.2 异常处理

自动充电的异常处理应符合下列规定:

a) 授流装置未升起至指定位置时,列车无法进入或驶离充电列位,控制中心显示告警信息;
b) 在自动充电过程中,若检测到列车移动,VOBC 输出紧急制动,退出充电工况,并向调度人员提示报警;
c) ATS 从充电开始 2 h(可配置)后未收到系统发送的充电结束反馈,应提示充电超时报警,调度人员人工介入。

6 故障场景

6.1 整侧车门无法正常开启

整侧车门无法正常开启的处理流程应符合下列规定:

a) 列车停稳在站台后,整侧车门无法正常开启,控制中心显示告警信息;
b) 调度人员调用车站/列车视频进行确认,并对车内乘客进行广播安抚;
c) 调度人员远程人工操作开启车门;
d) 若远程人工操作开启车门无效,调度人员安排司乘人员通过外部紧急解锁开启车门登车进行处置。

6.2 整侧车门无法正常关闭

整侧车门无法正常关闭的处理流程应符合下列规定:

a) 列车停稳在站台后,整侧车门无法正常关闭,控制中心显示告警信息;
b) 调度人员调用车站/列车视频进行确认,并对车内乘客进行广播安抚；

c）调度人员远程人工操作关闭车门，或安排司乘人员现场使用再关门按钮关闭对应侧车门；

d）若操作无效，调度人员安排列车清客下线，退出服务。

6.3 一扇或多扇车门故障

一扇或多扇车门故障的处理流程应符合下列规定：

a）控制中心接收到一扇或多扇车门故障告警信息。

b）若列车在站台停稳开门后无法关闭，处理流程如下：

  1）调度人员远程人工操作关闭车门，或安排司乘人员现场使用再关门按钮关闭对应侧车门；

  2）若操作无效，调度人员安排列车清客下线，退出服务。

c）若列车车门为关闭状态，列车 PIS 提示乘客故障车门不打开。

6.4 在区间时车门/逃生门打开

6.4.1 基本流程

在区间时车门/逃生门打开的处理流程应符合下列规定：

a）列车在区间运行时，车门/逃生门有打开操作，控制中心接收到区间列车车门/逃生门打开报警（非 VOBC 开门指令导致的车门非关闭且锁闭状态）。

b）调度人员调取对应车门/逃生门的 CCTV 确认车门/逃生门处于关闭状态：

  1）若列车在区间处于停稳状态，列车车门/逃生门打开报警触发牵引自动切除；调度人员确认无安全风险的情况下，可通过系统下发车门远程旁路指令，列车启动并限速运行至下一站。

  2）若列车处于区间运行过程中，则降速至规定速度及以下，运行至下一站。

c） 列车继续运行至下一站停稳后，调度人员组织清客并安排司乘人员登车处置。

6.4.2 异常处理

列车车门/逃生门处于开启状态时，调度人员应通过广播提示乘客远离车门/逃生门，安排司乘人员登车处置。

6.5 动力电池亏电

动力电池亏电的处理流程应符合下列规定：

a） 列车出现动力电池亏电，列车无法动车；
b） 调度人员通过系统工作站查看列车状态；
c） 若列车动力电池故障且迫停车站，则远程打开车门或安排司乘人员打开车门执行清客；
d） 若列车动力电池故障且迫停区间，则广播安抚乘客等待救援，或执行区间疏散。

6.6 列车 TCMS 完全故障

列车 TCMS 完全故障的处理流程应符合下列规定：

a） 列车运营时，发生 TCMS 完全故障，列车紧急制动，控制中心显示界面提示相应的列车故障告警；
b） 列车向控制中心申请进入 CAM，调度人员根据故障报警信息授权列车以 CAM 运行至下一站；
c） 若 CAM 下列车能精准停站，自动打开车门不关闭，调度人员安排列车清客；
d） 若 CAM 下列车未能精准停站，司乘人员通过站台应急门登车处置。

6.7 胎压异常

6.7.1 轮胎零压、欠压、过温

轮胎零压、欠压、过温的处理流程应符合下列规定：

a) 列车运营时,车辆胎压出现零压、欠压、过温,控制中心提示相应的列车故障告警;
b) TCMS 限速处理,并将限速发送给 VOBC,VOBC 更新限速控制列车运行;
c) 车辆行驶至下一站停稳,调度人员安排人员现场确认,如确认故障,进行清客,退出运营服务。

6.7.2 轮胎过压

轮胎过压的处理流程应符合下列规定:
a) 列车运营时,车辆胎压出现过压,控制中心提示相应的列车故障告警;
b) 调度人员安排列车行驶至终点站退出服务。

6.8 车辆烟火报警系统故障

车辆烟火报警系统故障的处理流程应符合下列规定:
a) 控制中心收到车辆烟感/温感报警系统故障提示信息;
b) 调度人员通过 ATS 向 VOBC 发送远程复位烟火报警系统指令;
c) 车载 VOBC 接收到远程复位指令时,将复位指令转发给车辆 TCMS,车辆 TCMS 执行复位;
d) 若复位成功,继续运行;
e) 若复位失败,调度人员安排司乘人员登车,并在合适时机安排列车退出运营服务。

6.9 车辆故障复位控制

车辆故障复位控制的处理流程应符合下列规定:
a) 车载 VOBC 与 ATS 通信正常时,车载 VOBC 向 ATS 汇报车辆故障信息;
b) 调度人员通过 ATS 向车载 VOBC 发送远程复位指令;
c) 车载 VOBC 接收到远程复位指令时,应在列车停稳时将

复位指令转发给车辆 TCMS,车辆 TCMS 执行复位;

d) 车辆可远程复位设备指令见表 1。

表 1 车辆可远程复位设备指令

序 号	数 据 项
1	远程复位胎压指令
2	远程复位门控盒指令
3	远程复位烟火系统指令
4	远程复位空调系统指令
5	远程复位 PIS 系统指令
6	远程复位牵引系统指令
7	远程复位制动系统指令
8	远程复位室外照明指令
9	远程复位室内照明指令

6.10 牵引系统故障

牵引系统故障的处理流程应符合下列规定:

a) 列车运营时,发生牵引系统故障,列车将牵引系统故障信息发送给控制中心,控制中心显示故障告警;

b) 当牵引系统满足运营要求时,调度人员监视列车继续运行;

c) 当牵引系统不满足运营要求时,调度人员通过 ATS 向车载 VOBC 发送远程复位牵引系统指令;

d) 当车载 VOBC 接收到远程复位牵引系统指令时,应在列车停稳时将复位指令转发给车辆 TCMS,车辆 TCMS 执行复位;

e) 若复位成功,则列车继续以 FAM 运行;若复位失败,则调度人员安排司乘人员登车处置。

6.11 车辆制动系统故障

车辆制动系统故障的处理流程应符合下列规定：

a） 列车发生制动系统故障，列车施加全常用制动，控制中心收到车辆制动系统故障报警。

b） 调度人员确认是否进行制动隔离，若需进行制动隔离，ATS 根据调度人员操作下发制动隔离二次确认命令给 VOBC。

c） VOBC 根据命令向车辆发送制动隔离指令，并向 ATS 反馈制动隔离执行结果。若制动隔离成功，则 VOBC 缓解全常用制动；若不进行制动隔离，则不缓解全常用制动，等待人工处理。

d） ATS 收到制动隔离成功的反馈后，提示调度人员远程发车。

e） VOBC 在制动故障隔离后，应按照约定的紧急制动减速度计算控车曲线。

6.12 车辆制动系统重故障

车辆制动系统重故障的处理流程应符合下列规定：

a） 列车发生制动系统重故障，列车施加全常用制动；

b） VOBC 收到车辆制动系统重故障信息，向列车施加紧急制动；

c） 列车向控制中心发送车辆制动系统重故障报警；

d） 调度人员对车内乘客进行广播安抚；

e） 调度人员安排司乘人员登车处理。

6.13 中央 ATS 服务器完全故障

中央 ATS 服务器完全故障的处理流程应符合下列规定：

a） 中央 ATS 服务器发生故障，调度人员安排维修人员重启

ATS 服务器,并转为站控模式/非常站控模式;

b) 若转入站控模式,列车按 ATS 服务器宕机前的计划运行,进路自动排列;

c) 若转入非常站控模式,可根据列车位置人工为列车排列进路或自动触发进路,列车按 ATS 服务器宕机前的计划运行至终点站,后续根据人工或自动触发的进路继续以原有模式运行,或人工上车转为 RM 运行;

d) 若 ATS 重启成功,调度人员将站控模式/非常站控模式转为中心控制模式,并为列车匹配新的运行计划。

6.14 车载控制器完全故障

车载控制器完全故障的处理流程应符合下列规定:

a) 车载控制器完全丧失功能,如断电、宕机等时,列车紧急制动停车,同时将故障告警信息传输到控制中心;

b) 调度人员通过远程广播对车内乘客进行安抚;

c) 调度人员可远程重启车载控制器,并安排司乘人员登车处理。

6.15 DCS 设备完全故障

6.15.1 车载 DCS 设备故障

车载 DCS 设备故障的处理流程应符合下列规定:

a) 若车载 DCS 设备完全故障,列车紧急制动停车,同时调度 ATS 工作站显示故障告警信息;

b) 自动触发广播对车内乘客进行安抚;

c) 调度人员安排司乘人员登车以人工模式驾驶列车至下一站台进行清客,退出运营。

6.15.2 中心 DCS 故障

中心 DCS 故障的处理流程应符合下列规定:

a） 中心 DCS 设备完全故障时，全线列车丢失车地通信，全线列车应紧急制动，调度人员应安排司乘人员上车处理，以人工模式驾驶列车进站清客；
b） 调度人员通知维修人员处理。

6.16 区域控制器完全故障

区域控制器完全故障的处理流程应符合下列规定：
a） 区域控制器完全故障时，控区内列车紧急制动停车，ATS 判断与区域控制器通信故障后，在中心工作站界面提示调度人员。
b） 调度人员通知维修人员重启区域控制器：
  1） 若区域控制器重启成功，区域内的列车完成与区域控制器通信后，恢复运行；
  2） 若区域控制器重启失败，调度人员安排降级运行或停运。
c） VOBC 判断条件满足后，可向 ATS 申请进入 RRM，或由人工驾驶列车运行。

6.17 联锁主机完全故障

联锁主机完全故障的处理流程应符合下列规定：
a） 联锁主机完全故障时，联锁区内列车紧急制动停车，同时将故障告警信息传输到控制中心；
b） 调度人员收到告警信息后，通知维修人员处理，通过广播对乘客进行安抚；
c） 调度人员安排司乘人员登车转为人工驾驶，在中心调度的指挥下驾驶列车运行，人工保证行车安全，同时调度人员调整运营组织。

6.18 计轴受扰与故障

计轴受扰与故障的处理流程应符合下列规定：

a） 计轴受扰与故障时,ATS 显示为占用。
b） 调度人员通过 ATS 发现计轴异常占用或故障,需要人工确认区段情况。如确定此区段无车,可使用计轴预复位功能,尝试复位该计轴。
c） 若复位失败,调度人员安排维修人员抢修。

6.19 紧急停车按钮故障

紧急停车按钮故障的处理流程应符合下列规定:
a） 紧急停车按钮被触发,CI 确保该按钮影响的所有进路(一般为该按钮所在站台的进站和出站进路)的始端信号机不能开放,已经开放的应关闭;同时将紧急停车按钮触发的信息发送给调度人员。
b） ZC 收到联锁发送的紧急停车按钮按下状态后,将该状态信息形成新移动授权发送给相关车载 VOBC。
c） VOBC 收到紧急停车按钮按下状态信息后,未进站的列车回缩车载移动授权至站外,尽量避免列车驶入站台区。站内已停稳列车保持停稳状态不发车。已发车但未完全出站的列车立刻施加紧急制动,停止出站。
d） ATS 上显示紧急停车按钮按下报警。
e） 调度人员安排人工介入。

6.20 人员防护开关装置故障

人员防护开关装置故障的处理流程应符合下列规定:
a） 人员防护开关被触发,CI 确保受影响的所有进路的始端信号机不能开放,已经开放的应关闭。同时将人员防护开关触发的信息发送给调度人员。
b） ZC 收到联锁发送的人员防护开关激活状态后,对所有 MA 经过防护区域的列车进行防护。对于未进入该区域的列车,将 MA 回缩至区域起点,防止列车驶入该区域;对于已经进入该区域的列车,发送无效 MA,使行驶中的列车紧急制动停车。

c） 调度人员安排人工介入。

6.21 进站欠标

进站欠标的处理流程应符合下列规定：

a） FAM 下，列车进站欠标未超过跳跃窗口值时，以向前跳跃或切换一次跳跃方向方式自动调整对标；

b） FAM 下，列车进站欠标超过跳跃窗口值时，VOBC 重新对标停车；

c） 列车向前跳跃速度超过阈值或越过停车点，施加紧急制动；

d） 若停车后超过跳跃窗口值，VOBC 向中心报警，由调度人员安排现场人工介入；

e） 执行跳跃触发紧急制动后，若列车仍在跳跃窗口内，满足跳跃条件且未超过跳跃次数阈值，VOBC 仍可继续执行跳跃。

6.22 进站过标

进站过标的处理流程应符合下列规定：

a） FAM 下，进站过标超过阈值时，VOBC 自动施加紧急制动。

b） 若停车后未越过跳跃窗口值，且接收到 ZC 发送允许跳跃信息时，以向后跳跃方式进行自动调整对标；若 ZC 发送不允许跳跃信息，VOBC 向 ATS 发送跳跃失败信息。

c） 列车向后跳跃速度超过阈值或越过停车点，施加紧急制动。

d） 若停车后超过跳跃窗口值，VOBC 向中心报警，由调度人员安排人工介入。

e） 执行跳跃触发紧急制动后，若列车仍在跳跃窗口内，满足跳跃条件且未超过跳跃次数阈值，VOBC 仍可继续执行跳跃。

6.23 远程限制驾驶模式

远程限制驾驶模式的处理流程应符合下列规定:

a) 全自动运行的车辆在区间运行接收不到有效 MA 时,VOBC 施加紧急制动,向 ATS 申请进入 RRM 模式;

b) ATS 在中心调度工作站上弹出弹框提示调度人员处理;

c) 调度人员根据现场视频中的轨旁设备状态、区段占用状态、列车状态等条件判断是否允许列车进入 RRM 模式;

d) VOBC 接收进入远程限制驾驶模式指令后进入 RRM,并向 ATS 反馈;

e) VOBC 缓解紧急制动,以 RRM 自动发车,根据远程限制驾驶前进指令控车运行一定距离(每次远程限制驾驶前进指令对应一定距离的可运行距离,默认值为 50 m,可配置),直至运行至最近站台;

f) 列车以 RRM 进站后可自动打开车门、站台门,但不自动关闭。

6.24 集群调度设备故障

集群调度设备故障的处理流程应符合下列规定:

a) 网管设备发出告警,集群调度工作站显示设备离线,手持台无信号;

b) 调度人员接报故障后,通过后备通信方式告知司乘人员,采用指定后备通信方式进行沟通(个人手机、专用电话等);

c) 调度人员通知维修人员进行故障处理;

d) 维修人员确认故障排除,通知调度人员;

e) 调度人员确认故障排除后,通知司乘人员恢复正常通信方式。

6.25 车地无线通信网络故障

车地无线通信网络故障的处理流程应符合下列规定：

a) 列车紧急制动停车,列车设备监控状态丢失,同时将故障告警信息传输到控制中心,车载视频监控、车载广播、车载 PIS 显示离线;

b) 调度人员安排司乘人员登车以人工模式驾驶列车至下一站进行清客,退出运营服务;

c) 调度人员通知维修人员进行故障处理。

6.26 车载远程广播故障

车载远程广播故障的处理流程应符合下列规定：

a) 综合监控工作站及广播网管显示车载 PA 故障,并伴随相关告警;

b) 调度人员通知司乘人员登车,发生紧急事件时利用扩音器安抚乘客;

c) 调度人员通知维修人员进行故障处理;

d) 维修人员确认故障排除,通知调度人员。

6.27 车载视频监控故障

车载视频监控故障的处理流程应符合下列规定：

a) 控制中心无法调取车载监控图像,综合监控工作站及 CCTV 网管显示车载 CCTV 离线,并伴随相关告警;

b) 调度人员通知维修人员登车进行故障处理;

c) 故障可在线排除时,维修人员应立即排除故障,完成故障排除后通知调度人员;

d) 故障无法在线排除时,维修人员应通知调度人员故障需回车场处理,调度人员安排列车完成单程运营后在折返站清客回车场。

6.28 车载乘客对讲故障

车载乘客对讲故障的处理流程应符合下列规定：

a) 综合监控工作站无法建立车载乘客对讲通话，综合监控工作站及 PIS 网管显示车载乘客对讲离线；

b) 调度人员通知司乘人员登车，发生紧急事件时对乘客进行安抚及疏导；

c) 调度人员通知维修人员进行故障处理。

6.29 整侧站台门无法正常开启

整侧站台门无法正常开启的处理流程应符合下列规定：

a) 列车进站停准停稳后整侧站台门发生无法正常开启故障时，控制中心收到并显示故障告警信息。

b) 调度人员通过控制中心 CCTV 确认对应站台门情况，并通过广播告知及安抚乘客。

c) 调度人员通过系统远程开启车门联动打开站台门。

d) 若远程操作无效，列车重新关门运行至下一站；在站台门故障修复前，后续列车执行跳停指令。

e) 调度人员安排司乘人员到现场应急处置，并安排维修人员对站台门进行抢修。

6.30 整侧站台门无法正常关闭

整侧站台门无法正常关闭的处理流程应符合下列规定：

a) 列车站台作业结束后整侧站台门发生无法正常关闭故障时，控制中心收到并显示故障告警信息；

b) 调度人员通过系统远程关闭站台门；

c) 调度人员通过 CCTV 确认对应站台门情况，并通过广播告知及安抚乘客；

d) 若远程关闭站台门无效，调度人员安排司乘人员到现场使用 PSL 关闭站台门；

e) 若使用 PSL 关闭站台门无效,司乘人员应手动关闭站台门,并对整侧站台门进行互锁解除,列车正常发出;
f) 调度人员安排维修人员对站台门进行抢修。

6.31 一扇或多扇站台门故障

一扇或多扇站台门故障的处理流程应符合下列规定:
a) 一扇或多扇站台门故障导致不能开启或关闭时,控制中心收到并显示故障告警信息。
b) 调度人员通过 CCTV 确认对应站台门情况。
  1) 若站台门是关闭状态,列车进站后车载 PIS 提示对应车门不开门;
  2) 若站台门是开启状态,调度人员可远程关闭站台门,站台正常接发车作业。
c) 远程关闭站台门无效时,调度人员安排司乘人员到现场手动关闭故障站台门。
d) 司乘人员应在故障站台门前设置围护设施并粘贴故障告示,并安排人员现场值守。
e) 运营结束后,调度人员安排维修人员对故障站台门进行维修。

6.32 站台门状态丢失

站台门状态丢失的处理流程应符合下列规定:
a) 站台门发生关闭及锁闭状态丢失故障时,控制中心收到并显示故障告警信息。
b) 调度人员可通过 CCTV 确认对应站台门情况:
  1) 若站台门是关闭状态,安排司乘人员现场使用 PSL 对站台门进行互锁解除,不影响站台接发车作业;
  2) 若站台门是开启状态,安排司乘人员到现场关闭站台门,并使用 PSL 对站台门进行互锁解除,不影响站台接发车作业。

c) 互锁解除后使用PSL人工开关站台门。

d) 调度人员安排维修人员对站台门进行抢修。

6.33 正线道岔故障

正线道岔故障的处理流程应符合下列规定：

a) 道岔发生故障(如不能操纵到规定的位置、失去状态表示等)时,道岔的进路始端信号机关闭,列车停车或紧急制动,控制中心收到并显示故障告警信息。

b) 对未进入故障道岔所在区间的列车,调度人员应将其扣停在上一站台;对因道岔故障导致停在区间的列车,必要时调度人员在确保安全的情况下安排司乘人员登车转为人工驾驶,通过广播告知及安抚乘客,并调整运营计划。

c) 调度人员安排维修人员对道岔进行抢修。

6.34 中央综合监控系统完全故障

中央综合监控系统完全故障的处理流程应符合下列规定：

a) 综合监控系统发生大面积设备故障报警、所有操作指令无响应等系统崩溃现象,互联子系统切换到独立运行模式,同时调度人员通知维修人员进行设备抢修;

b) 消防控制室值班人员加强火灾自动报警系统的监视,发生火警立即报告调度人员;

c) 司乘人员加强车辆、车站设备的巡视。

6.35 授流装置动作不到位

授流装置动作不到位的处理流程应符合下列规定：

a) 授流装置落下及未升到指定位置,控制中心显示告警信息。

b) 列车在进入充电列位前,处理流程如下：

1) 该区域无法办理进路;进路已经开放的,自动关闭进路；

2） 调度人员人工安排充电列车进入其他正常充电列位充电；

3） 调度人员通知维修人员；

4） 维修人员经调度人员授权同意后，进入现场抢修。

c） 列车在充电列位未停准停稳，处理流程如下：

1） ATS 提示信息；

2） 调度人员通知司乘人员；

3） 司乘人员经调度人员授权同意后，进入现场上车调整列车停车位置。

d） 充电结束后列车驶出进路无法开放，处理流程如下：

1） 列车牵引切除；

2） 调度人员通知维修人员；

3） 维修人员经调度人员授权同意后，进入现场抢修。

7 应急场景

7.1 雨雪天气

7.1.1 进入雨雪模式

进入雨雪模式的基本流程应符合下列规定：

a） 列车在运行中遭遇雨雪天气：

1） ATS 工作站发出告警信息，并在界面弹框提示“是否进入雨雪模式”，调度人员可根据具体情况在界面操作确认或取消进入雨雪模式；

2） 调度人员可选择全线或部分区域进入雨雪模式运行。

b） 当日运营前发生雨雪天气，调度人员通过 ATS 工作站将全线或部分区域设置为雨雪模式运行。

c） 若列车处于停稳状态，VOBC 可直接进入雨雪模式，按照对应的控车策略防护列车运行;若列车未停稳,VOBC 将列车速度降至雨雪模式限速以下或控制列车停稳后进入雨雪模式。

d) 进入雨雪模式运行后,自动触发列车广播,并在 PIS 上显示。

7.1.2 退出雨雪模式

退出雨雪模式的基本流程应符合下列规定:

a) 调度人员根据天气及列车运行状况下发取消雨雪模式指令;

b) 信号系统收到指令后取消线路雨雪模式,并将取消雨雪模式指令转发给 VOBC;

c) VOBC 收到指令后,列车退出雨雪模式。

7.2 车站大客流

车站大客流的处理流程应符合下列规定:

a) 调度人员接到发生大客流信息,安排司乘人员现场处理;

b) 调度人员通过 CCTV 观察车站客流情况,若是站台发生大客流,调度人员可采用调整运营计划增开列车、跳停等方法。若是站厅发生大客流,司乘人员可采用临时管理 TVM、车站出入口、部分进出闸机等方法,现场确保安全前提下更改扶梯上下运行。调度人员触发大客流广播,并将相关信息显示在 PIS 屏,告知乘客大客流情况,并组织出站乘客有序出站。

7.3 乘客紧急对讲

乘客紧急对讲的处理流程应符合下列规定:

a) 乘客紧急对讲按钮被触发时,乘客对讲呼叫至控制中心;

b） 调度人员接通乘客对讲后，系统推送视频图像；

c） 调度人员结合乘客反映情况及 CCTV 进行处置，必要时进行人工广播；

d） 当多个紧急对讲激活时，在调度人员工作站界面同时弹出，调度人员可选取接通，未接通的紧急对讲保留请求；

e） 紧急对讲结束后，乘客通过再次按压按钮挂断，或调度人员中心挂断。

7.4 车门紧急解锁装置激活

车门紧急解锁装置激活的处理流程应符合下列规定：

a） 当乘客操作车门紧急解锁装置后，车门紧急解锁装置处于激活状态，车辆将报警信息发送到 ATS 并弹框，同时联动 CCTV；

b） 若移动列车处于无效区，列车以 FAM 模式继续保持运行至下一站；

c） 若移动列车处于有效区，列车应施加紧急制动；

d） 若列车处于进站过程，列车继续运行，待停准停稳后，VOBC 打开车门；

e） 在列车停止状态下激活车门紧急解锁装置，若在有效区，可人工开启站台侧对应车门，非站台侧对应车门不能人工开启；若在无效区，调度人员通过 CCTV 查看车内情况，广播安抚乘客并了解车内情况，调度人员判断需要疏散时可远程授权车门解锁，车门解锁后方可打开。

7.5 车门/站台门夹人夹物

车门/站台门发生夹人夹物的处理流程应符合下列规定：

a） 车门/站台门发生夹人夹物不能正常关闭时，开关门 3 次（可设置次数）后仍然无法关门，车门/站台门保持开启状态，控制中心收到并显示车门/站台门告警信息；

b) 调度人员通过控制中心 CCTV 确认车门/站台门情况，若是车门/站台门发生夹人夹物，通过人工广播告知乘客移除被夹的人或物；
c) 移除被夹的人或物后，调度人员远程再关闭车门与站台门，恢复运营；
d) 远程开启或关闭车门/站台门无效时，调度人员应安排人员到现场使用 PSL 或遥控开启/关闭站台门。

7.6 人员非法侵入轨行区

人员非法侵入轨行区的处理流程应符合下列规定：

a) 若发现站台门非预期开启，调度人员收到告警信息，通过 CCTV 查看相应区域是否有人员进入；
b) 若发现有人员侵入轨行区，调度人员应封锁相关轨行区，对相应区间的列车人工施加紧急制动；
c) 调度人员安排司乘人员进入相应轨行区寻找侵入者并带离轨行区；
d) 若相关轨行区的区段较长，调度人员可安排司乘人员以人工驾驶模式限速驾驶列车进入相应轨行区，寻找侵入者并带离轨行区。

7.7 区间因故停车

区间因故停车的处理流程应符合下列规定：

a) 运营过程中，列车因阻塞或故障在区间停车，系统自动播放列车广播或调度人员通过远程播放列车广播安抚乘客。
b) 调度人员进行远程处置（如远程复位等）；若列车仍无法恢复运行，调度人员安排司乘人员登车处置。
c) 经安全防护后，司乘人员经正线区间通道或通过移动登高平台进入列车。
d) 司乘人员进行现场处置；若需人工驾驶，司乘人员应向调度人员报告,由调度人员许可并取消相关安全防护,司乘人员人工驾驶列车运行。

e) 若列车仍不具备动车条件,调度人员组织进行列车救援或区间疏散。

7.8 区间疏散

区间疏散的基本流程应符合下列规定:

a) 列车迫停区间需要疏散乘客时,调度人员通过 ATS 对救援区间及疏散车站进行封锁,防止正线运营列车进入。

b) 调度人员远程播报列车广播安抚乘客。

c) 如需紧急疏散,调度人员指引乘客解锁紧急疏散的逃生门,控制中心授权紧急解锁逃生门,乘客打开逃生门,通过逃生门进入区间疏散通道,经疏散通道到达车站;调度人员安排司乘人员接应疏散乘客。

d) 如非紧急疏散,调度人员安排司乘人员经安全防护后登乘列车,打开列车逃生门并引导乘客疏散,让乘客通过区间疏散通道疏散至车站。

7.9 列车救援

列车救援的基本流程应符合下列规定:

a) 列车在运营过程中发生车辆故障无法动车时,若调度人员尝试对车辆设备进行复位操作后仍无法恢复列车行驶,由调度人员指挥实施列车救援;

b) 调度人员选择相邻的列车为救援列车,并对救援列车进行扣车和清客;

c) 救援人员按调度指令登乘救援列车;

d) 司乘人员根据中心调度命令及进路人工驾驶救援列车向故障列车靠近;

e) 救援列车距故障列车一定距离停稳后,驾驶救援列车实施连挂作业;

f) 救援列车进行试拉(此时故障列车应处于制动状态),试拉结束后,缓解故障列车制动;
g) 救援列车将故障列车向前推进/牵引至最近站台进行清客后,运行至正线存车线或停车场。

7.10 列车障碍物探测

列车障碍物探测的基本流程应符合下列规定:
a) 列车以 FAM 运行过程中,当检测到障碍物或碰撞到障碍物时,列车触发报警,紧急制动,并上传报警信息至控制中心;
b) 经确认属于系统误报警时,调度人员组织列车继续运营;
c) 经确认有障碍物时,调度人员封锁区间,通过系统向列车下发临时停车广播并安抚乘客;
d) 调度人员安排人员进入区间清除障碍物或进行救援;
e) 清除异物后,抢修人员确认轨道上没有遗留障碍物和作业人员,报告调度人员,同时确认列车具备继续全自动运行条件后,人工缓解紧急制动,及时恢复列车运营。

7.11 列车冲突事故

列车冲突事故的处理流程应符合下列规定:
a) 调度人员收到列车冲突报告,应核实列车事故;
b) 调度人员根据现场情况落实事故区域安全防护措施,封锁事故区域;
c) 调度人员调整行车组织,做好非事故区的运营工作,降低事故对运营的影响;
d) 调度人员视现场情况需要通知公安、医疗、公交等外部支援部门;
e) 救援人员到事发点做好安全措施后,进行紧急救援处理;

f) 处理完毕后,救援人员反馈给调度人员;
g) 调度人员根据运行计划恢复正常运营。

7.12 列车区间火灾

列车区间火灾的处理流程应符合下列规定:

a) 列车烟火报警系统触发后,ATS 工作站弹窗火灾报警,联动 CCTV 推送火灾报警车厢画面给调度人员;或乘客车载紧急对讲报告火情后,调度人员调看车载 CCTV,确认火警列车编号、位置、起火部位、火势等信息,并指引乘客使用车载灭火器灭火。
b) 若列车在区间发生火灾且无法动车,处理流程如下:
   1) 调度人员应封锁事故区域,安排司乘人员到相邻车站进行应急处置准备工作,下达抢修命令,并报 110。
   2) 调度人员启动列车火灾工况,车内广播告知车内乘客列车火灾信息及疏散方向。
   3) 调度人员预判火灾影响,及时调整行车组织;组织火灾区域的前方列车驶离,对火灾区域的后方列车实施停车,安排司乘人员登乘列车人工驾驶退回车站清客。
   4) 车上的人员按“区间疏散”场景进行疏散,相关车站应启动 AFC 紧急模式,落实乘客信息告知、疏散引导、接应统计、人员先期救助及抢险配合等工作。
   5) 组织应急救援人员携带救援装备到事发地点开展火灾前期扑救工作。
   6) 处置结束后,调度人员应及时组织运营调整,逐步恢复正常运营秩序。
c) 列车在区间发生火灾,列车可以动车,处理流程如下:
   1) 调度人员确认启动列车火灾工况,车内广播告知车内乘客并进行安抚。

2） 调度人员预判火灾影响，及时调整行车组织，对接近火灾列车的其他列车扣车；下达救援命令。
3） 列车驶入站台停车后，列车打开车门不关闭，组织清客。
4） 调度人员按“车站火灾”场景安排应急人员对列车进行灭火救灾。
5） 若火势影响较大，调度人员对即将停靠临线站台列车设置跳停，安排司乘人员登乘火灾区域的后方列车，人工驾驶退回车站清客，并联系消防队。
6） 落实乘客信息告知、疏散引导、接应统计、人员先期救助及抢险配合等工作。
7） 处置结束后，调度人员应及时组织运营调整，逐步恢复正常运营秩序。

7.13 车站火灾

车站火灾的处理流程应符合下列规定：

a） 车站火灾自动报警系统火灾预警触发后，调度人员立即通过 CCTV 观察确认报警区域状况。
b） 车站火灾自动报警系统自动或人工触发火灾模式后，综合监控系统应弹窗火灾区域画面，调度人员通过 CCTV 确定车站火灾的位置、火势等情况，安排应急人员前往处理，组织人员疏散并报 110。
c） 若火势影响较大，对即将进站列车设置跳停，同时下达抢修命令。
d） 车站进入火灾联动模式，处理流程如下：
   1） BAS 联动相关机电设备执行排烟，扶梯停止运行；
   2） FAS 切除非重要用电负荷并联动电梯归首开门；
   3） AFC 启动紧急模式，停止售票、开放通道；
   4） PIS 发布火灾疏散信息；
   5） PA 播放疏散广播；

6） 门禁系统启动紧急模式，开放门禁。

e） 火灾救援结束后，现场人员复位火灾报警设备后向调度人员报告。

f） 调度人员确认复位成功、现场设备运行正常。

参 考 文 献

[1] WP—2017001　城市轨道交通全自动运行系统建设指南

[2] 城市轨道交通全自动运行系统　技术指南(试行)

[3] WP—2019001　城市轨道交通全自动运行系统　运营需求导则

[4] WP—2019002　城市轨道交通全自动运行系统　运营指南

[5] NELURCC-WP—2017002　全自动运行系统安全报告